Inhalt

Bilanzielle Auswirkungen der Subprime Krise - IDW legt Positionspapier vor

Kernthesen

Beitrag

Fallbeispiele

Weiterführende Literatur

Impressum

Bilanzielle Auswirkungen der Subprime Krise - IDW legt Positionspapier vor

A.Kaindl

Kernthesen

- Das IDW hat zu Bilanzierungs- und Bewertungsfragen im Zusammenhang mit der Subprime-Krise in einem Positionspapier Stellung genommen.
- Das Papier dient der Auslegung derjenigen Bilanzierungsvorschriften, denen angesichts der gegenwärtigen Marktbedingungen besondere Bedeutung zukommt.
- Bei der Entwicklung dieses Papiers wurden entsprechende Diskussionen auf

internationaler Ebene berücksichtigt.

Beitrag

Was zu Anfang recht harmlos mit Zusammenbrüchen einzelner US-Immobilienfinanzierer begann, hat sich binnen kürzester Zeit zu einer der größten Vertrauenskrisen an den internationalen Finanzmärkten ausgeweitet. Auch zahlreiche deutsche Unternehmen sind betroffen und werden gezwungen sein, umfangreiche Abschreibungen in ihren Jahresabschlüssen vorzunehmen.

Veröffentlichung und Bindungswirkung des Positionspapier

Das Institut der Wirtschaftsprüfer (IDW) hat im Dezember 2007 ein Positionspapier zu den bilanziellen Auswirkungen der Subprime-Krise vorgelegt. Dieses Papier dient als Hilfestellung für Unternehmen, insbesondere Banken, und Wirtschaftsprüfer bei der Erstellung und Prüfung der Jahresabschlüsse 2007 nach IAS/IFRS und HGB. Das Positionspapier des IDW hat keine unmittelbar bindende Wirkung für die bilanzierenden Unternehmen und ihre

Wirtschaftsprüfer. Trotzdem stellt das IDW-Papier das grundsätzliche Vorgehen bei der Bilanzierung und Bewertung der von der Subprime-Krise besonders in Mitleidenschaft gezogenen Verbriefungspapiere dar. Das dabei in erster Linie verfolgte Ziel ist die Beseitigung von Unklarheiten. Eine wirklich einheitliche Vorgehensweise aller Unternehmen bei der Bilanzierung wird jedoch durch das Positionspapier nicht erreicht werden können. Das ist wegen der großen Unterschiedlichkeit der Wertpapiere nicht möglich. (1), (2), (3)

Auslöser und Auswirkungen der Subprime-Krise

Der Auslöser der Subprime-Krise sind die seit dem Sommer 2007 in den USA zu beobachtenden Zahlungsstörungen bei Hypothekendarlehen an bonitätsschwache Privatpersonen. Da diese Risiken über komplexe Finanzpapiere und Verbriefungen über die ganze Welt gestreut wurden, haben sich daraus weltweite Auswirkungen ergeben. In Folge der Krise hat sich die Anzahl der Verbriefungen sehr stark reduziert und der Handel mit Verbriefungstiteln kam zunächst für Subprime-Hypothekendarlehen und im Anschluss auch für weitere Verbriefungsprodukte teilweise zum Erliegen. (2), (3)

Definition eines aktiven bzw. inaktiven Marktes

Durch die Subprime-Krise sind viele Verbriefungsmärkte aus dem Gleichgewicht geraten. Deshalb liegt der Schwerpunkt des IDW-Positionspapiers auf der Definition eines aktiven bzw. inaktiven Marktes. Die internationalen Bilanzierungsstandards verlangen, dass Finanzinstrumente mit ihrem Marktwert (Fair Value) zum Abschlussstichtag in der Bilanz auszuweisen sind. Da die Märkte für die von der Subprime-Krise betroffenen Finanzinstrumente aus dem Gleichgewicht geraten sind, stellt es sich äußerst kompliziert dar, für diese Produkte einen Marktwert zu ermitteln.

Existiert laut IDW ein aktiver Markt, bestimmen die dort notierten Preise unmittelbar den Fair Value. Andernfalls sind Bewertungsmethoden, gegebenenfalls auch Modellrechnungen anzuwenden.

Dem IDW zufolge stellen die Preise einen verlässlichen Marktwert dar, zu denen zeitnahe und tatsächliche Transaktionen in ein und demselben Finanzinstrument zwischen sachverständigen, vertragswilligen und unabhängigen Geschäftspartnern ausgeführt wurden. Dies gilt auch dann, wenn sich Zahl und Volumina der Transaktionen gegenüber der Vergangenheit deutlich verringert haben.

Von einem inaktiven Markt muss ausgegangen werden, wenn keine oder ausschließlich solche Transaktionen stattfinden, die nachweislich aus erzwungenen Geschäften, Zwangsliquidationen oder Notverkäufen resultieren. Kurse, wie sie beispielsweise von Preis-Service-Agenturen veröffentlicht werden, stellen keine Preise eines aktiven Marktes dar, wenn ihnen keine tatsächlichen Transaktionen zugrunde liegen und kein verbindlicher Willen vorliegt, zu diesen Preisen Geschäfte zu tätigen.

Bleibt bei der Suche nach dem richtigen Wertansatz für ein Finanzinstrument am Ende nur die Annäherung über ein Modell, bedeutet dies, dass den Interpretationsspielräumen Tür und Tor geöffnet werden. Denn am Anfang eines jeden Modells stehen zahlreiche Annahmen. Diese müssen zwar begründet und anschließend von den Wirtschaftsprüfern auf Plausibilität hin überprüft werden, doch objektivierbar sind sie nicht. Die im Rahmen der Modellrechnung getroffenen Prämissen müssen von den bilanzierenden Unternehmen im Anhang des Jahresabschusses angegeben werden.

Das IDW fordert für die Fälle, in denen der Fair Value aus Bewertungsmodellen abgeleitet werden muss, dass die Modelle die aktuelle Marktverfassung berücksichtigen. Beispielsweise ist eine relative Illiquidität des Marktes bei der Bewertung wertmindernd ins Kalkül einzubeziehen. (1), (2), (5), (7)

Weitere Aussagen des Positionspapiers

Das IDW beschäftigt sich in seinem Positionspapier auch mit der bilanziellen Behandlung von Kreditzusagen (Liquiditätszusagen). Darunter fallen alle Verpflichtungen eines Kreditgebers, zu einem späteren Zeitpunkt einen Kredit zu gewähren. Einige Kreditzusagen fallen unter den Anwendungsbereich des IAS 39, andere sind davon ausgenommen.

Das Positionspapier geht auch auf die im Zusammenhang mit Verbriefungsaktionen oft zu beurteilende Konsolidierungspflicht von Zweckgesellschaften ein. Diese Beurteilung erfolgt das erste Mal im Zeitpunkt der Gründung der Zweckgesellschaft und ist zu jedem Abschlussstichtag einer Überprüfung zu unterziehen.

Des Weiteren befasst sich das Papier mit verschiedenen spezifischen Bilanzierungs- und Bewertungsproblemen im handelsrechtlichen Abschluss. Folgende Punkte werden besonders ausführlich diskutiert: Zuordnung von Finanzinstrumenten zum Anlage- oder Umlaufvermögen und die daraus folgenden Konsequenzen für die Bewertung, die Ermittlung des beizulegenden Werts, der Niederstwerttest bei Vermögensgegenständen des Umlauf- und Anlagevermögens und die Abtrennung eingebetteter Derivate. (2), (7)

Positionspapier steht im Einklang mit internationalen Bilanzierungsvorschriften

Das Positionspapier des IDW steht in Grundsatzfragen mit den internationalen Bilanzierungsvorschriften IAS/IFRS inhaltlich in Einklang. Nach Angaben des IDW decken sich seine Überlegungen auch mit den Ergebnissen, die zur Bilanzierung nach US-GAAP erzielt worden sind. (1)

Fallbeispiele

Frank Mattern, Deutschland-Chef der Unternehmensberatung McKinsey, äußerte in einem Interview die Ansicht, dass sich das wahre Ausmaß der Subprime-Krise vielleicht erst mit der Veröffentlichung der Jahresabschlüsse für 2007 offenbaren wird. Bereits in den Quartalsabschlüssen für das 3. Quartal 2007 haben zahlreiche Banken Abschreibungen in Milliardenhöhe bekannt geben müssen. Der Bankenexperte sprach von einem "Erdbeben im Weltfinanzsystem" und betonte, dass nach wie vor die Gefahr besteht, dass Fonds und Banken in größerem Umfang Notverkäufe von Wertpapieren vornehmen müssen, um sich refinanzieren zu können. (3)

Die Citigroup kommunizierte im Dezember 2007, dass sie plant, die im Zuge der Subprime-Krise ins Straucheln geratenen Structured Investment Vehicles (eine Art Zweckgesellschaften) mit einem Wert von 49 Milliarden Dollar in die eigenen Bücher zu übertragen. Diese Maßnahme birgt etliche Unwägbarkeiten, da sie die bereits arg strapazierte Kapitaldecke der Citigroup weiter belastet. Die Ratingagentur Moodys stufte das Kreditrating der

Bank von AA2 auf AA3 herunter. Die Herabstufung wurde damit begründet, dass die Citigroup wahrscheinlich einen erheblichen Teil der Vermögenswerte der Structured Investment Vehicles abschreiben muss. Am Markt kursiert zudem die Meinung, die Citigroup werde in den kommenden Monaten Kapital im Umfang von rund 30 Milliarden Dollar aufnehmen müssen. (6)

Weiterführende Literatur

(1) Subprime-Leitfaden für Banken vorgelegt Positionspapier als Hilfestellung für Wirtschaftsprüfer - Aktiver und inaktiver Markt werden definiert
aus Börsen-Zeitung, 11.12.2007, Nummer 238, Seite 4

(2) O.V., IDW zu den bilanziellen Auswirkungen der Subprime-Krise, Presseinformation 15/2007 des Instituts der Wirtschaftsprüfer vom 10. 12.2007
aus Börsen-Zeitung, 11.12.2007, Nummer 238, Seite 4

(3) Banken droht weiteres Krisenjahr
aus Handelsblatt Nr. 238 vom 10.12.07 Seite 1

(4) US-Behörden haben Kreditkrise verschlafen
aus Spiegel Online, 10.12.2007

(5) Subprime stellt Wirtschaftsprüfer vor Herausforderung
aus Börsen-Zeitung, 06.12.2007, Nummer 235, Seite 8

(6) Citigroup bilanziert ihre SIV Spotlight
aus Finanz und Wirtschaft vom 15.12.2007, Seite 7

(7) O.V., Positionspapier des IDW zu Bilanzierungs-
und Bewertungsfragen im Zusammenhang mit der
Subprime-Krise, 10.12.2007
aus Finanz und Wirtschaft vom 15.12.2007, Seite 7

Impressum

Bilanzielle Auswirkungen der Subprime Krise - IDW legt Positionspapier vor

Bibliografische Information der deutschen Nationalbibliothek

Die Deutsche Nationalbibliothek verzeichnet diese Publikation in der deutschen Nationalbibliografie; detaillierte bibliografische Daten sind im Internet über http://dnb.d-nb.de abrufbar.

ISBN: 978-3-7379-1360-7

© 2015 GBI-Genios Deutsche Wirtschaftsdatenbank GmbH, Freischützstraße 96, 81927 München, www.genios.de

Alle Rechte vorbehalten. Dieses Werk ist einschließlich aller seiner Teile – z.B. Texte, Tabellen und Grafiken - urheberrechtlich geschützt. Jede Verwertung außerhalb der Grenzen des Urheberrechtsgesetzes bedarf der vorherigen Zustimmung des Verlags. Dies gilt insbesondere auch für auszugsweise Nachdrucke, fotomechanische

Vervielfältigungen (Fotokopie/Mikroskopie), Übersetzungen, Auswertungen durch Datenbanken oder ähnliche Einrichtungen und die Einspeicherung und Verarbeitung in elektronischen Systemen.